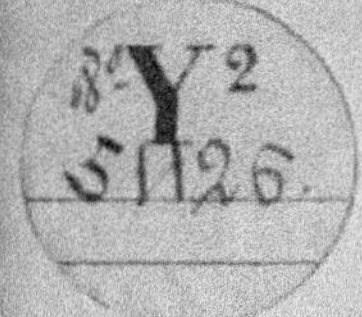

THÉOPHILE GAUTIER

LA MILLE
ET
DEUXIÈME NUIT

ILLUSTRÉE DE NEUF COMPOSITIONS
PAR
AD. LALAUZE

PARIS
LIBRAIRIE DES AMATEURS
A. FERROUD, LIBRAIRE-ÉDITEUR
127, BOULEVARD SAINT-GERMAIN, 127

1898

LA MILLE

ET

DEUXIÈME NUIT

JUSTIFICATION DU TIRAGE

N°s 1 à 160. — Exemplaires sur papier du Japon ou grand vélin d'Arches.

N°s 161 à 500. — Exemplaires sur papier vélin d'Arches.

N° Exemplaire réservé
pour le Dépôt légal

THÉOPHILE GAUTIER

LA MILLE ET DEUXIÈME NUIT

ILLUSTRÉE DE NEUF COMPOSITIONS

PAR

AD. LALAUZE

PRÉFACE PAR L. GASTINE

PARIS

LIBRAIRIE DES AMATEURS

A. FERROUD, LIBRAIRE-ÉDITEUR

127, BOULEVARD SAINT-GERMAIN, 127

1898

PRÉFACE

Mon cher Alfred,

Il me sera impossible d'aller après-demain chez toi. Excuse-moi auprès de nos amis, dis-leur... qu'une forte migraine m'oblige à garder le lit... dis-leur tout ce que tu voudras. La vérité, pour toi, c'est que j'ai simplement besoin de trois jours de repos. Ma porte est fermée pour soixante-douze heures.

A lundi.

TH. GAUTIER.

Mon bon Eugène.

Je te renvoie ton coupon parce que j'ai résolu de ne plus mettre le pied hors de chez moi avant après-demain soir, jour où je dois toucher mes capitaux à la PRESSE.

A dimanche.

TH.

Le soir du même jour où Théophile Gautier avait expédié ces deux lettres, dès le matin, son mélancolique repos était troublé par l'arrivée d'un pli *personnel*, très urgent.

— Qui est-ce qui se permet d'entrer ?... j'avais pourtant dit assez nettement que je ne voulais recevoir personne !

— Monsieur... c'est une lettre très recommandée...

— Allons ! c'est bon !... donnez cette lettre !...

Mon cher ami,

J'ai besoin — MAIS TOUT DE SUITE — *d'un conte ou d'une nouvelle de 8 à 900 lignes pour le* MUSÉE DES FAMILLES.

C'est pour le numéro « sous presse » ; il me le faut donc demain soir au plus tard.

Vous pouvez seul accomplir cette prouesse et JE COMPTE SUR VOUS.

Tirez à vue sur moi en m'adressant la copie.

Bien cordialement.

X.

Dormir encore deux jours et deux nuits durant ou travailler une dizaine d'heures pour avoir droit au réveil, tel était le dilemme.

Las d'avoir dormi déjà douze heures d'un mauvais sommeil, Théo n'hésita pas.

Mais, comment improviser si vite ces neuf cents lignes ?

— « Vraiment, se dit-il, l'écrivain est un peu comme la sultane des *Mille et une Nuits*, qui, sous peine de mort, devait chaque matin imaginer un nouveau récit pour... Eh bien ! mais, le voilà, le conte !... le titre en est tout trouvé et je n'ai pas besoin de chercher une autre donnée pour pondre !... »

En achevant ces mots, le poète se précipitait vers sa table, y saisissait une feuille blanche et, d'un trait, écrivait :

LA MILLE ET DEUXIÈME NUIT

***

Dans le cerveau du Maître, le conte oriental dont il s'agit n'a peut-être pas été exactement conçu de cette manière.

En réalité, sur l'origine de la *Mille et deuxième Nuit* de Théophile Gautier il n'existe aucun document.

Mais, si notre supposition est absolument gratuite, — et nous nous empressons de la déclarer telle, — du moins nous pouvons affirmer, sans craindre d'être démenti, qu'elle est, non moins absolument, vraisemblable, parce qu'elle est déduite très rigoureusement d'un ensemble de détails certains.

L'auteur de *la Négresse et le Pacha*, piécette qui fut écrite et mise à la scène en moins de huit jours, était bien capable d'improviser neuf cents lignes en quelques heures, et si jamais dans les œuvres du poète une nouvelle, un conte, eut les caractères de l'improvisation, c'est bien la *Mille et deuxième Nuit*.

D'autre part, en 1842, époque à laquelle ce conte fut écrit pour le *Musée des Familles*, le poète était loin de posséder l'aisance dont il devait jouir un moment quelques années plus tard.

Le journal *la Presse*, où il a rédigé pendant quinze ans la critique dramatique (de 1836 à 1851), était la source de ses principaux gains. Or, en 1842 la *Presse* ne lui a payé que 2 050 fr. 50 de copie.

L'année suivante, il y avait progrès puisque ce même journal lui versait 5 000 francs.

D'année en année, Girardin donnait alors plus d'importance aux travaux que Théophile Gautier faisait pour lui, puisqu'on a pu relever sur ses comptes les chiffres suivants : 1844, 7 633 francs ; 1845, 9 945 francs ; 1846, 9 805 francs.

En 1847, Théo arrive à gagner à la *Presse* 11 724 francs dans l'année, et en 1848 il atteint le chiffre de 13 680 francs ! C'est à ce moment qu'il s'offre chevaux et voiture : une petite voiture attelée de deux petits poneys qu'Eugène de Mirecourt lui reprochera bientôt avec amertume. Fortune éphémère, car, dès l'an suivant, Girardin devait singulièrement réduire les gains de son collaborateur.

Mais, comme ces chiffres le prouvent, en 1842 le Pactole ne coulait pas encore pour l'auteur de la *Mille et deuxième Nuit*. Il n'est donc pas illogique de lui faire accepter avec empressement un travail pressant.

Dans les sept à huit premières pages de préliminaires du conte, où l'écrivain se met *évidemment* « en train », apparaît d'une façon bien positive l'embarras du journaliste qui doit, en toute hâte, exécuter une tâche d'une longueur déterminée. Théophile Gautier y « tire à la ligne », mais, avec quel esprit! quelle maëstria! quelle verve!

— « Je vais écrire quelque chose... n'importe quoi, puisque l'essentiel est de *mettre du noir sur du blanc*, mais cela sera bien tout de même », semble s'être dit le grand critique dont on connait la paradoxale devise :

Rien ne m'est rien. Et d'abord il n'y a rien. Cependant tout arrive, mais cela m'est bien indifférent.

Or, ce qu'il y a d'admirable dans ces quelques pages de préambule, absolument inutiles, presque « sans rime ni raison », où la cause déterminante du conte est exposée aux lecteurs du *Musée des Familles* à l'aide d'une fable tant invraisemblable qu'elle provoquerait les protestations d'un enfant, ce qu'il y a, disons-nous, d'admirable dans ces quelques pages, c'est qu'on les trouve délicieuses en dépit de leur incohérence, de leur inutilité et du retard qu'elles apportent à la lecture du véritable sujet : le conte.

Comme Gautier savait qu'il pouvait se permettre

de parler ainsi « pour ne rien dire », à son gré, parce que le public raffolait de son esprit si naturel, de la grâce et du charme de son style, de sa verve d'écrivain si colorée, si brillante !...

Nous ne goûtons pas moins que ses contemporains son merveilleux talent. Sa quasi-préface de la *Mille et deuxième Nuit* nous enchante autant qu'elle dut les enchanter. Mais nous y trouvons en outre, avec une véritable joie, une chose d'un bien grand prix pour nous, ses admirateurs et ses élèves, — car la postérité, consciemment ou non, est toujours l'élève des grands écrivains défunts, — nous y trouvons des indications précieuses sur la façon de produire du Maître.

En effet, si nous nous sommes permis, au début, de mettre Théophile Gautier en scène, de le faire écrire, agir, parler, c'est parce qu'il a dit lui-même, partie en propres termes et partie « entre les lignes », ce que nous avons cru pouvoir énoncer plus nettement.

« J'avais fait défendre ma porte ce jour-là ; ayant pris dès le matin la résolution formelle de ne rien faire, je ne voulais pas être dérangé dans cette importante occupation. » (P. 1.) Et, plus loin :

« ... J'avais pris toutes mes mesures pour savourer à mon aise ma volupté favorite. » (P. 2.)

A Paris, en 1842, Théophile Gautier pouvait-il se croire à l'abri d'une visite intempestive sans avoir non seulement défendu sa porte, mais encore écrit à ses amis les plus intimes ; à ceux qui, comme

Alfred (Alfred Loubens) et Eugène (Eugène de Nully), avaient certainement le droit de forcer des consignes générales de par leurs privilèges d'amis particuliers ?

Le Maître, *ayant pris toutes ses mesures pour savourer à son aise sa volupté favorite*, avait donc, sans aucun doute, prévenu Eugène et Alfred.

Mais pourquoi se serait-il enfermé sinon parce qu'il était mis dans l'incapacité de sortir ?

Jamais Théophile Gautier n'a plus travaillé qu'en 1842. L'oisiveté n'était point son défaut. L'excès dans l'occupation dominait au contraire son existence, et la trop grande activité de sa vie lui inspirait assurément seule ce culte du *far niente*, ces rêves de paresse qu'ont en tous temps caressés les grands producteurs des œuvres de la pensée.

Théo rêvait toujours de ne rien faire parce qu'il produisait sans cesse, et tout permet de croire que s'il ne faisait réellement rien ce jour-là, c'est parce qu'il ne pouvait rien faire, n'ayant rien de *commandé*.

Le journaliste incomparable dont on peut citer cette boutade : « L'odeur de l'encre d'imprimerie, il n'y a que cela qui me fasse marcher », n'était pas homme à composer pour un « plus tard » vague autre chose que des vers.

Ainsi, le voilà, par exception, oisif pour un certain nombre d'heures. Il n'est ni mal à son aise ni fatigué, puisqu'il pourra dans un moment improviser un conte délicieux ; il jouit de tous ses moyens, de toutes ses facultés, il a du temps de libre et il va rêvasser, dormir ?... Comment imaginer cela ?

Ce grand producteur — qui n'est rien moins que paresseux — est aussi d'un tempérament avide de sensations de toutes natures ; à cet égard nous sommes bien fixés. Il a des amis et des amies à profusion. Ses occupations régulières et accidentelles ne lui laissent assurément jamais assez de liberté pour accorder à ses relations, utiles ou agréables, le temps qu'il faudrait. Enfin, il a trente et un ans et cet âge implique des fantaisies, des désirs, des convoitises. Combien de choses n'a-t-il pas encore envie de connaître, de voir, d'éprouver ? Combien de fois ne s'est-il pas dit : « A la première occasion je ferai telle chose. »

Or, c'est quand cette occasion se rencontre qu'il va s'enfermer, s'étendre sans fatigue, solliciter un sommeil dont il n'éprouve pas le besoin ? La voilà bien l'invraisemblance dans tout son ridicule !

Non, si, dans de telles circonstances, Gautier s'enferme et défend sa porte, c'est parce qu'il ne peut pas sortir pour chercher au dehors des satisfactions plus vives que le sommeil ou le rêve, parce qu'il est également incapable de recevoir ces satisfactions à domicile et parce qu'il redoute des fâcheux dont la nature se devine sans peine.

Le poète est en proie au « mal de la bourse plate ». Il a changé la veille son dernier billet de banque ou fortement écorné la réserve de ses derniers louis.

Il ne veut point sortir pour ne pas s'exposer à des

dépenses accidentelles à peu près fatales. Il n'a convié ni camarade ni gente écolière à charmer sa solitude pour la même raison. Et s'il ferme avec tant de soin sa porte, c'est afin qu'aucun solliciteur, aucun créancier n'en franchisse le seuil en ce moment de crise financière.

Si cette supposition logique semble pourtant encore trop hardie, qu'on médite ce que le poète écrit lui-même un peu plus loin.

La sonnette a retenti.

Est-il besoin de dire qu'elle n'a pas été tirée par la charmante Scheherazade ou sa sœur Dinarzade, dont, au XVIIIe siècle, Antoine Galland traduisait les récits déjà antiques et légendaires ?

Mais, si ce n'est pas la sultane qui sonne, qui donc a sonné ? Qui donc a pu passer sur le corps du cerbère dont parle le poète : « ... l'imbécile concierge qui avait laissé passer quelqu'un malgré la consigne formelle... »

Qui donc a pu triompher, en outre, de la garde vigilante du valet de chambre abyssin Adolfo-Francesco Pergialla, si ce n'est la « bienvenue » par excellence, la divine enchanteresse, l'éternelle séductrice, l'ouvreuse légendaire des portes les plus closes qu'en sa passagère détresse le Maître appelait instinctivement de tous ses vœux.

La Fortune, ou du moins son diminutif sous la forme d'une lettre de commande urgente, est au-dessus des consignes données contre la gent tracassière des créanciers.

Les concierges parisiens, race au subtil flair, ne s'y trompent pas. Il ne s'y est pas non plus trompé Francesco-Adolfo, qui subit peut-être malgré lui le contrecoup de la pénurie d'argent de l'écrivain. Aussi, voyez, dans le portrait qu'en fait celui-ci, comme *ses yeux blancs étincellent*, comme *son nez épaté se dilate* et comme *ses grosses lèvres s'épanouissent en un large sourire*.

Et voilà Théo, ravi, parant de beauté, d'atours coquets la gente messagère. Il lui trouve une forme délicieuse, des poses adorables...

Mais le billet réclame quelque chose en échange des satisfactions et de la liberté qu'il promet : *il me faut environ neuf cents lignes pour demain soir au plus tard.*

Le poète fait dire à Scheherazade :

« — A force de conter, je suis arrivée au bout de mon rouleau... », etc., et « ... je suis venue ici en toute hâte chercher un conte, une histoire, une nouvelle (une nouvelle !) car il faut que demain matin... », etc.

A quoi Théo répond :

« — Votre sultan Schahriar, ma pauvre Sheherazade, ressemble terriblement à notre public... », etc.

Mais la fille du grand vizir insiste, et c'est justement, chose curieuse, dans la forme de langage et avec la pensée d'un éditeur ou d'un directeur de journal sollicitant Théophile Gautier :

« — Vous devez avoir quelque feuilleton, quelque nouvelle en portefeuille... donnez-le-moi. »

Ainsi, notre supposition se justifie de plus en plus; mais ce n'est pas tout. Le poète va confirmer encore davantage notre hypothèse en avouant son dénuement : il n'a pas plus de copie en portefeuille que d'argent dans son tiroir.

S'il dit sur un ton badin : « J'ai encore de quoi vivre jusqu'après-demain », c'est afin de ne pas avouer au lecteur son embarras passager. Présentée de cette manière la vérité ne sera pas prise au sérieux; elle passera pour une simple boutade avec les autres boutades.

« — Que me demandez-vous, charmante sultane ? je n'ai rien de fait, je ne travaille que par la plus extrême famine, car, ainsi que l'a dit Perse : *fames fecit poetridas picas*. J'ai encore de quoi dîner trois jours ; allez trouver Karr... », etc.

Aimable badinage ! En vérité Gautier n'a aucune envie de refuser un peu de prose demandée, si fort à propos, contre belles espèces sonnantes et trébuchantes.

Il a déjà fait, avec ce préambule, un quart de la copie qu'on lui demande, il est en pleine verve ; sans désemparer il commence :

« Il y avait une fois dans la ville du Caire un jeune homme nommé Mahmoud-Ben-Ahmed, qui demeurait sur la place de l'Esbekick. »

La place de l'*Esbekick*, — qu'il soit permis d'ouvrir ici une large parenthèse, — c'est la place de l'*Esbe-*

kieh. Nous avons assez prêté de paroles et de pensées au Maître pour être autorisé à citer à présent sa propre prose. Empruntons à son *Orient* (voyage d'Alexandrie au Caire) les piquantes révélations qu'il a bien voulu faire sur ses conceptions orientales avant ses voyages en Orient.

« ... Tout en faisant ces réflexions, nous approchions rapidement du Caire, — de ce Caire dont nous avions si souvent parlé avec ce pauvre Gérard de Nerval, avec Gustave Flaubert, avec Maxime du Camp, qui, par leurs récits, excitaient et enfiévraient notre curiosité. On se fait, des villes que dès l'enfance on a souhaité voir et que l'on a longtemps habitées en rêve, un plan fantastique bien difficile à effacer, même quand on se trouve en face de la réalité ; la vue d'une gravure, d'un tableau en est souvent le point de départ. Nous, notre Caire, bâti avec les matériaux des *Mille et une Nuits,* se groupait autour de la *place de l'Esbekieh* de Marilhat, un tableau singulier et violent que l'artiste avait envoyé d'Égypte à l'une des premières expositions qui suivirent la révolution de Juillet. Si notre mémoire ne nous fait pas défaut, c'était son début ; et, à quelque perfection qu'il soit arrivé ensuite, nous ne croyons pas qu'il ait jamais fait une peinture plus vivace, plus étrange et plus originale. Cette *place de l'Esbekieh* fit sur nous une impression profonde et bizarre. Nous retournâmes au Salon vingt fois pour la voir ; nous ne pouvions en détacher nos yeux, et elle exerçait sur nous une sorte de fascination nostalgique.

« Ce tableau, qui éteignait autour de lui les toiles représentant une nature plus sobre, était d'une incroyable férocité de couleurs. Sur un ciel d'un bleu cru, dont l'outre-mer tournait à l'indigo, se découpaient deux arbres immenses de l'espèce *Mimosa Nilotica*, avec un pied monstrueux qu'on aurait cru fait d'une botte de colonnes tordues, et des branches qui étaient elles-mêmes d'énormes troncs formant des coudes bizarres et portant des masses de feuillage à couvrir une forêt. Ces deux arbres occupaient à eux seuls presque tout le cadre, et, sous l'ombre qu'ils projetaient, on entrevoyait dans l'obscurité bleuâtre une « sakkieh » manœuvrée par des buffles, une femme ayant une cruche d'eau sur la tête, divers personnages accroupis et un Arabe juché sur un chameau. Plus loin, vers la gauche, s'épaulaient les unes contre les autres, dans tout le laisser-aller oriental, les maisons arabes qui bordent la place, avec leurs moucharabiehs, leurs étages en surplomb, leurs encorbellements soutenus de poutrelles, et tous les détails caractéristiques que n'avait pas encore émondés le progrès, ami des lignes droites et des surfaces planes. Un palmier levait au-dessus des maisons son plumeau de feuilles, et derrière les arbres, sous la voûte de leur feuillage, on entrevoyait une autre rangée de bâtiments formant le fond de la place et surmonté d'un minaret. A droite se dessinaient, servant de fond à la ligne des Okkels, les escarpements du Mokattam. Une lumière terrible, aveuglante, se déversait comme des cuillerées de plomb fondu sur tout le premier plan.

« C'était de là que nos rêves partaient pour aller faire des tournées fantastiques dans les rues étroites de l'ancien Caire, autrefois fréquentées par le calife Haroun al Raschid et son fidèle vizir Giaffar, sous des déguisements d'esclaves ou d'hommes du peuple. Notre amour pour ce tableau était si connu, que la famille de Marilhat, dont nous avions été l'ami, nous donna après la mort du célèbre artiste le dessin au crayon, fait sur place, qui avait servi d'étude pour la toile peinte.

« Nous étions arrivé : un tumulte prodigieux de calèches, d'ânes, d'âniers, de portefaix, de domestiques de place, de drogmans, faisait comme une émeute devant le débarcadère du railway, qui aboutit près de Boulak, à une petite distance du vieux Caire. Lorsque le débrouillement des bagages fut terminé, qu'on nous eut installé avec notre ami dans une belle voiture découverte précédée d'un « saïs », ce fut avec un secret ravissement que nous entendîmes la providence égyptienne qui veillait sur nous, en uniforme du nizam et en fez amarante, dire à notre cocher : « Hôtel Sheppeard, place de l'Esbekieh. » On nous logeait dans notre rêve ! »

On conçoit à présent pourquoi Gautier commençait ainsi la *Mille et deuxième Nuit* : « Il y avait une fois dans la ville du Caire un jeune homme nommé Mahmoud-ben-Ahmed qui demeurait sur la place de l'*Esbekick* (sic). »

Le poète n'a été en Orient qu'en 1845 ; il écrivait le conte en 1842, plus de trois ans avant ce voyage ; il n'avait donc alors comme point de départ que les détails donnés dans quelques conversations par ses amis, le tableau de Marilhat et le souvenir de ses lectures des *Mille et une nuits*, LECTURE FAITE DANS SON ENFANCE ; à ce sujet la citation que nous venons de faire est d'une précision parfaite.

Bien que doué d'une mémoire fort remarquable, Théo ne pouvait avoir gardé de la traduction de Galland qu'un souvenir assez incertain. Avait-il même bien lu le texte du traducteur ou bien un texte expurgé, comme ceux qu'on met de préférence entre les mains des enfants ?... Quoi qu'il en soit, sa lecture avait été faite à une époque de sa vie où l'on n'est pas encore capable d'analyser très profondément la pâture intellectuelle qu'on absorbe.

S'il avait été moins pressé de livrer sa copie au *Musée des Familles*, il aurait peut-être pris la peine, agréable, de relire la traduction française des récits arabes..., mais cela n'est pas encore bien sûr...

Le conte fut donc improvisé sans plus d'informations, d'un jet en quelque sorte..., et l'on s'en aperçoit quand on le lit attentivement.

Les véritables récits des *Mille et une Nuits* ont été conçus dans un tout autre esprit ; leur saveur est absolument différente, et, quand il n'y est pas question de choses surnaturelles, ils ont un caractère d'observation naïve, élémentaire, mais exacte et méticuleuse parfois, qui n'a rien de commun avec les détails décoratifs ou poétiques du conte de Gautier.

Trop vite conçue, trop vite écrite, la *Mille et deuxième Nuit* n'a enfin ni la solidité de charpente, ni l'harmonie des autres nouvelles du poète. Mais, en revanche, elle présente dans un bien vif éclat ses qualités les plus personnelles. Elle est si délicieuse et produit tout d'abord une impression dont on reste si ravi, qu'il faut se faire violence pour se soustraire à son charme et l'analyser avec un parti pris de critique au lieu de la savourer « tout bonnement », comme un délicat régal littéraire, exquis parmi les plus savoureux.

Pressé de « fournir de la copie » en traitant un sujet sur lequel il n'était pas assez « documenté », Théophile Gautier se voyait dans l'obligation de suppléer à l'insuffisance de son expérience orientale par toutes les ressources de sa féconde personnalité ; il n'y a pas manqué, et nous devons à cette pénurie de renseignements non pas un pastiche des contes orientaux correspondant réellement au titre : *la Mille et deuxième Nuit*, — ce qui manquerait du reste d'originalité, — mais un conte de pure fantaisie fait de l'essence même des rêves orientaux du poète, — ce qui a infiniment plus de prix.

Quelques années plus tard, après ses voyages en Orient, Gautier n'eût assurément pas conçu la *Mille et deuxième Nuit* de la même façon.

Comme en 1846, pour la mise en scène de sa pièce : *la Juive de Constantine*, il aurait eu, en l'écrivant, un souci de la véritable couleur locale, dont il ne songeait guère à s'embarrasser en 1842, quand il rédigeait à la hâte le conte demandé.

La *Mille et deuxième Nuit* y aurait-elle gagné ? tout bien considéré, nous ne le croyons pas.

La Fontaine a traité fort librement les thèmes qu'il lui a plu de prendre à droite ou à gauche. Passant par son interprétation incomparable, ces thèmes — tout en s'éloignant parfois prodigieusement de leur origine — sont devenus impérissables, de par le génie particulier du doux poète. Mais s'imaginerait-on le rêveur fabuliste traduisant l'Arioste mot à mot dans ses vers pour faire de *Joconde* autre chose qu'un conte de son cru ?

Bien mieux : le pourrait-on concevoir ne se contentant pas du texte du XXVIIIe chant de l'*Orlando furioso* et recherchant jusque dans le prologue des *Mille et une Nuits* l'inspiration du poète italien, afin d'être plus exact ?... Il ne serait pas de cette manière « notre bon La Fontaine » ; Alfred de Musset n'aurait pas dit de lui :

... La Fontaine ?
C'est avec celui-là qu'il est bon de veiller ;
Ouvrez-le sur votre oreiller,
Vous verrez se lever l'aurore.
Molière l'a prédit, et j'en suis convaincu,
Bien des choses auront vécu
Quand nos enfants liront encore
Ce que le bonhomme a conté,
Fleur de sagesse et de gaité !

En résumé, pour apprécier à sa juste valeur le joyau littéraire que le délicat amateur Ferroud sertit aujourd'hui dans une si belle monture, avec l'aide du maître illustrateur Lalauze, il faut avant tout se départir de la tendance à l'étroite exactitude et à la restauration minutieuse qui domine en notre temps.

Autant que cette disposition, très précieuse, s'applique à la reconstitution exacte des chefs-d'œuvre qui nous ont été mal transmis, elle a sa parfaite raison d'être, mais elle serait fort déplacée à propos d'une fantaisie aussi impromptue que la *Mille et deuxième Nuit* de Théophile Gautier.

C'est pour le faire mieux observer que — faute de documents positifs à cet égard, puisqu'il n'en existe point — nous nous sommes appliqué à déduire logiquement des faits dont nous avions connaissance ce qu'on peut se permettre de donner comme l'indication la plus probable de la façon dont le conte a été écrit.

Œuvre légère, de caprice, de rêve, faite spontanément dans le seul but d'amuser un moment les lecteurs du *Musée des Familles* en août 1842, la *Mille et deuxième Nuit* reste pour nous une arabesque ravissante où brillent d'un admirable éclat tous les mérites littéraires d'un des plus grands stylistes de notre siècle... c'est plus qu'il n'en faut pour expliquer l'*amour* avec lequel l'éditeur Ferroud l'a rééditée et pour comprendre avec quel soin dévot Lalauze l'a illustrée.

Théo n'étant plus de ce monde, hélas! pour le guider dans la traduction par l'image des principales scènes de son conte, l'artiste — trop modeste en cela peut-être — n'a pas cru devoir se permettre d'ajouter les caprices de sa propre imagination à ceux de l'imagination du poète.

Au lieu de faire un Orient selon lui-même, il s'est entouré de toutes les œuvres d'art, nombreuses aujourd'hui, propres à l'aider à mettre les personnages du conte dans le véritable cadre où ils devraient se mouvoir.

Ses vues d'intérieur aussi bien que ses vues de paysages, de rues et même ses vues panoramiques sont d'une rigoureuse exactitude.

Dans ses recherches, à cet effet, il s'est surtout servi des précieux documents rapportés d'Égypte par M. Jacquinot-Boulanger, et il rendait encore tout récemment, devant nous, hommage à l'inépuisable complaisance de cet érudit et spirituel voyageur.

S'il fut aidé par lui dans l'importante partie documentaire de son œuvre d'illustration, il convient aussi de reconnaitre qu'il a su tirer un merveilleux parti de ses renseignements. Ses figures, adorables dans ces décors réels, sont, d'autre part, si bien dans l'esprit du texte de Gautier que l'ensemble complète admirablement la *Mille et deuxième Nuit*.

Quelle n'eût pas été la joie du poète, si fin connaisseur en matière d'art, à la vue d'une illustration pareille! Mais las! le bon Théo, le grand ciseleur des lettres, n'est plus! Nul ne saurait entreprendre à son exemple de conter une *Mille et troisième Nuit*.

Qu'il soit permis du moins au plus modeste de ses admirateurs d'exprimer la joie qu'il a goûtée en relisant ce conte sous une forme matérielle nouvelle comme celle de ce livre, si bien faite, par l'illustration et l'exécution typographique, pour aider à le comprendre et le savourer.

L. Gastine.

LA

MILLE ET DEUXIÈME NUIT

J'avais fait défendre ma porte ce jour-là ; ayant pris dès le matin la résolution formelle de ne rien faire, je ne voulais pas être dérangé dans cette importante occupation. Sûr de n'être inquiété par aucun fâcheux (ils ne sont pas tous dans la comédie de Molière), j'avais pris toutes mes mesures pour savourer à mon aise ma volupté favorite.

Un grand feu brillait dans ma cheminée, les rideaux fermés tamisaient un jour discret et nonchalant, une demi-douzaine de carreaux jonchaient le tapis, et, doucement étendu devant l'âtre à la distance d'un rôti à la broche, je faisais danser au bout de mon pied une large babouche marocaine d'un jaune oriental et d'une forme bizarre ; mon chat était couché sur ma manche, comme celui du prophète Mahomet, et je n'aurais pas changé ma position pour tout l'or du monde.

Mes regards distraits, déjà noyés par cette délicieuse somnolence qui suit la suspension volontaire de la pensée, erraient, sans trop les voir, de la charmante esquisse de la *Madeleine au désert* de Camille Roqueplan au sévère dessin à la plume d'Aligny et au grand paysage des quatre inséparables, Feuchères, Séchan, Diéterle et Despléchins, richesse et gloire de mon logis de poète ; le sentiment de la vie réelle m'abandonnait peu à peu, et j'étais enfoncé bien avant sous les ondes insondables de cette *mer d'anéantissement* où tant de rêveurs orientaux ont laissé leur raison, déjà ébranlée par le haschich et l'opium.

Le silence le plus profond régnait dans la chambre; j'avais arrêté la pendule pour ne pas entendre le tic tac du balancier, ce battement de pouls de l'éternité; car je ne puis souffrir, lorsque je suis oisif, l'activité bête et fiévreuse de ce disque de cuivre jaune qui va d'un coin à l'autre de sa cage et marche toujours sans faire un pas.

Tout à coup, et kling et klang, un coup de sonnette vif, nerveux, insupportablement argentin, éclate et tombe dans ma tranquillité comme une goutte de plomb fondu qui s'enfoncerait en grésillant dans un lac endormi; sans penser à mon chat, pelotonné en boule sur ma manche, je me redressai en tressaillant et sautai sur mes pieds comme lancé par un ressort, envoyant à tous les diables l'imbécile concierge qui avait laissé passer quelqu'un malgré la consigne formelle; puis je me rassis. A peine remis de la secousse nerveuse, j'assurai les coussins sous mes bras et j'attendis l'événement de pied ferme.

La porte du salon s'entr'ouvrit et je vis paraître d'abord la tête laineuse d'Adolfo-Francesco Pergialla, espèce de brigand abyssin au service duquel j'étais alors, sous prétexte d'avoir un domestique nègre. Ses yeux blancs étincelaient, son nez épaté se dilatait prodigieusement, ses grosses lèvres, épanouies en un large sourire qu'il s'efforçait de rendre malicieux, laissaient voir ses dents de chien de Terre-Neuve; il crevait d'envie de parler dans sa peau noire, et faisait toutes les contorsions possibles pour attirer mon attention.

« Eh bien ! Francesco, qu'y a-t-il ? Quand vous tourneriez pendant une heure vos yeux d'émail comme ce nègre de bronze qui avait une horloge dans le ventre, en serais-je plus instruit ? Voilà assez de pantomime, tâchez de me dire, dans un idiome quelconque, ce dont il s'agit, et quelle est la personne qui vient me relancer jusqu'au fond de ma paresse. »

Il faut vous dire qu'Adolfo-Francesco Pergialla-Abdallah-Ben-Mohammed, Abyssin de naissance, autrefois mahométan, chrétien pour le quart d'heure, savait toutes les langues et n'en parlait aucune intelligiblement ; il commençait en français, continuait en italien, et finissait en turc ou en arabe, surtout dans les conversations embarrassantes pour lui, lorsqu'il s'agissait de bouteilles de vin de Bordeaux, de liqueurs des îles ou de friandises disparues prématurément. Par bonheur, j'ai des amis polyglottes : nous le chassions d'abord de l'Europe ; après avoir épuisé l'italien, l'espagnol et l'allemand, il se sauvait à Constantinople, dans le turc, où Alfred le pourchassait vivement : se voyant traqué, il sautait à Alger, où Eugène lui marchait sur les talons en le suivant à travers tous les dialectes de haut et bas arabe ; arrivé là, il se réfugiait dans le bambara, le galla et autres dialectes de l'intérieur de l'Afrique, où d'Abadie, Combes et Tamisier pouvaient seuls le forcer. Cette fois, il me répondit résolument en un espagnol médiocre, mais fort clair :

« *Una mujer muy bonita con su hermana quien quiere hablar á usted.*

— Fais-les entrer si elles sont jeunes et jolies ; autrement, dis que je suis en affaires. »

Le drôle, qui s'y connaissait, disparut quelques secondes et revint bientôt suivi de deux femmes enveloppées dans de grands bournous blancs, dont les capuchons étaient rabattus.

Je présentai le plus galamment du monde deux fauteuils à ces dames ; mais, avisant les piles de carreaux, elles me firent un signe de la main qu'elles me remerciaient, et, se débarrassant de leurs bournous, elles s'assirent en croisant leurs jambes à la mode orientale.

Celle qui était assise en face de moi, sous le rayon du soleil qui pénétrait à travers l'interstice des rideaux, pouvait avoir vingt ans; l'autre, beaucoup moins jolie, paraissait un peu plus âgée; ne nous occupons que de la plus jolie.

Elle était richement habillée à la mode turque; une veste de velours vert, surchargée d'ornements, serrait sa taille d'abeille; sa chemisette de gaze rayée, retenue au col par deux boutons de diamant, était échancrée de manière à laisser voir une poitrine blanche et bien formée; un mouchoir de satin blanc, étoilé et constellé de paillettes, lui servait de ceinture. Des pantalons larges et bouffants lui descendaient jusqu'aux genoux; des jambières à l'albanaise en velours brodé garnissaient ses jambes fines et délicates aux jolis pieds nus enfermés dans de petites pantoufles de maroquin gaufré, piqué, colorié et cousu de fils d'or; un caftan orange, broché de fleurs d'argent, un fez écarlate enjolivé d'une longue houppe de soie, complétaient cette parure assez bizarre pour rendre des visites à Paris en cette malheureuse année de 1842.

Quant à sa figure, elle avait cette beauté régulière de la race turque : dans son teint, d'un blanc mat semblable à du marbre dépoli, s'épanouissaient mystérieusement, comme deux fleurs noires, ces beaux yeux orientaux si clairs et si profonds sous leurs longues paupières teintes de henné. Elle regardait d'un air inquiet et semblait embarrassée ; par contenance, elle tenait un de ses pieds dans une de ses mains, et de l'autre jouait avec le bout d'une de ses tresses, toute chargée de sequins percés par le milieu, de rubans et de bouquets de perles.

L'autre, vêtue à peu près de même, mais moins richement, se tenait également dans le silence et l'immobilité. Me reportant par la pensée à l'apparition des bayadères à Paris, j'imaginai que c'était quelque almée du Caire, quelque connaissance égyptienne de mon ami Dauzats, qui, encouragée par l'accueil que j'avais fait à la belle Amany et à ses brunes compagnes, Sandiroun et Rangoun, venait implorer ma protection de feuilletoniste.

« Mesdames, que puis-je faire pour vous ? » leur dis-je en portant mes mains à mes oreilles de manière à produire un salamalec assez satisfaisant.

La belle Turque leva les yeux au plafond, les ramena vers le tapis, regarda sa sœur d'un air profondément méditatif. Elle ne comprenait pas un mot de français.

« Holà, Francesco! maroufle, butor, bélître, ici, singe manqué, sers-moi à quelque chose au moins une fois dans ta vie. »

Francesco s'approcha d'un air important et solennel.

« Puisque tu parles si mal français, tu dois parler fort bien arabe, et tu vas jouer le rôle de drogman entre ces dames et moi. Je t'élève à la dignité d'interprète; demande d'abord à ces deux belles étrangères qui elles sont, d'où elles viennent et ce qu'elles veulent. »

Sans reproduire les différentes grimaces dudit Francesco, je rapporterai la conversation comme si elle avait eu lieu en français.

« Monsieur, dit la belle Turque par l'organe du nègre, quoique vous soyez littérateur, vous devez avoir lu les *Mille et une Nuits*, contes arabes, traduits ou à peu près par ce bon M. Galland, et le nom de Scheherazade ne vous est pas inconnu?

— La belle Scheherazade, femme de cet ingénieux sultan Schahriar, qui, pour éviter d'être trompé, épousait une femme le soir et la faisait étrangler le matin? Je la connais parfaitement.

— Eh bien! je suis la sultane Scheherazade, et voilà ma bonne sœur Dinarzarde, qui n'a jamais manqué de me dire toutes les nuits : « Ma « sœur, devant qu'il fasse jour, contez-nous « donc, si vous ne dormez pas, un de ces beaux « contes que vous savez. »

— Enchanté de vous voir, quoique la visite soit un peu fantastique; mais qui me procure cet insigne honneur de recevoir chez moi, pauvre poète, la sultane Scheherazade et sa sœur Dinarzarde?

— A force de conter, je suis arrivée au bout de mon rouleau; j'ai dit tout ce que je savais. J'ai épuisé le monde de la féerie; les goules, les djinns, les magiciens et les magiciennes m'ont été d'un grand secours, mais tout s'use, même l'impossible; le très glorieux sultan, ombre du padischa, lumière des lumières, lune et soleil de l'Empire du milieu, commence à bâiller terriblement et tourmente la poignée de son sabre; ce matin, j'ai raconté ma dernière histoire, et mon sublime seigneur a daigné ne pas me faire couper la tête encore; au moyen du tapis magique des quatre Facardins, je suis venue ici en toute hâte chercher un conte, une histoire, une nouvelle, car il faut que demain matin, à l'appel accoutumé de ma sœur Dinarzarde, je dise quelque chose au grand Schahriar, l'arbitre de mes destinées ; cet imbécile de Galland a trompé l'univers en affirmant qu'après la mille et unième nuit le sultan, rassasié d'histoires, m'avait fait grâce ; cela n'est pas vrai : il est plus affamé de contes que jamais, et sa curiosité seule peut faire contrepoids à sa cruauté.

— Votre sultan Schahriar, ma pauvre Scheherazade, ressemble terriblement à notre public ; si nous cessons un jour de l'amuser, il ne nous coupe pas la tête, il nous oublie, ce qui n'est guère moins féroce. Votre sort me touche, mais qu'y puis-je faire ?

— Vous devez avoir quelque feuilleton, quelque nouvelle en portefeuille, donnez-le-moi.

— Que demandez-vous, charmante sultane ? je n'ai rien de fait, je ne travaille que par la plus extrême famine, car, ainsi que l'a dit Perse, *fames facit poetridas picas*. J'ai encore de quoi dîner trois jours ; allez trouver Karr, si vous pouvez parvenir à lui à travers les essaims des guêpes qui bruissent et battent de l'aile autour de sa porte et contre ses vitres ; il a le cœur plein de délicieux romans d'amour, qu'il vous dira entre une leçon de boxe et une fanfare de cor de chasse ; attendez Jules Janin au détour de quelque colonne de feuilleton, et, tout en marchant, il vous improvisera une histoire comme jamais le sultan Schahriar n'en a entendu. »

La pauvre Scheherazade leva vers le plafond ses longues paupières teintes de henné avec un regard si doux, si lustré, si onctueux et si suppliant, que je me sentis attendri et que je pris une grande résolution.

« J'avais une espèce de sujet dont je voulais faire un feuilleton ; je vais vous le dicter, vous le traduirez en arabe en y ajoutant les broderies, les fleurs et les perles de poésie qui lui manquent ; le titre est déjà tout trouvé, nous appellerons notre conte *la Mille et deuxième Nuit.* »

Scheherazade prit un carré de papier et se mit à écrire de droite à gauche, à la mode orientale, avec une grande vélocité. Il n'y avait pas de temps à perdre : il fallait qu'elle fût le soir même dans la capitale du royaume de Samarcande.

Il y avait une fois dans la ville du Caire un

jeune homme nommé Mahmoud-Ben-Ahmed, qui demeurait sur la place de l'Esbekick.

Son père et sa mère étaient morts depuis quelques années en lui laissant une fortune médiocre, mais suffisante pour qu'il pût vivre sans avoir recours au travail de ses mains : d'autres auraient essayé de charger un vaisseau de marchandises ou de joindre quelques chameaux chargés d'étoffes précieuses à la caravane qui va de Bagdad à la Mecque ; mais Mahmoud-Ben-Ahmed préférait vivre tranquille, et ses plaisirs consistaient à fumer du tombeki dans son narguilé, en prenant des sorbets et en mangeant des confitures sèches de Damas.

Quoiqu'il fût bien fait de sa personne, de visage régulier et de mine agréable, il ne cherchait pas les aventures, et avait répondu plusieurs fois aux personnes qui le pressaient de se marier et lui proposaient des partis riches et convenables, qu'il n'était pas encore temps et qu'il ne se sentait nullement d'humeur à prendre femme.

Mahmoud-Ben-Ahmed avait reçu une bonne éducation : il lisait couramment dans les livres les plus anciens, possédait une belle écriture, savait par cœur les versets du Coran, les re-

marques des commentateurs, et eût récité sans se tromper d'un vers les Moallakats des fameux poètes affichés aux portes des mosquées ; il était un peu poète lui-même et composait volontiers des vers assonants et rimés, qu'il déclamait sur des airs de sa façon avec beaucoup de grâce et de charme.

A force de fumer son narguilé et de rêver à la fraîcheur du soir sur les dalles de marbre de sa terrasse, la tête de Mahmoud-Ben-Ahmed s'était un peu exaltée : il avait formé le projet d'être l'amant d'une péri ou tout au moins d'une princesse du sang royal. Voilà le motif secret qui lui faisait recevoir avec tant d'indifférence les propositions de mariage et refuser les offres des marchands d'esclaves. La seule compagnie qu'il pût supporter était celle de son cousin Abdul-Malek, jeune homme doux et timide qui semblait partager la modestie de ses goûts.

Un jour, Mahmoud-Ben-Ahmed se rendait au bazar pour acheter quelques flacons d'atar-gull et autres drogueries de Constantinople, dont il avait besoin. Il rencontra, dans une rue fort étroite, une litière fermée par des rideaux de velours incarnadin, portée par deux mules blanches et précédée de zebeks et de chiaoux richement costumés. Il se rangea contre le mur pour laisser passer le cortège ; mais il ne put le faire si précipitamment qu'il n'eût le temps de voir, par l'interstice des courtines, qu'une folle bouffée d'air souleva, une fort belle dame assise sur des coussins de brocart d'or. La dame, se fiant sur l'épaisseur des rideaux et se croyant à l'abri de tout regard téméraire, avait relevé son voile à cause de la chaleur. Ce ne fut qu'un éclair ; cependant cela suffit pour faire tourner la tête du pauvre Mahmoud-Ben-Ahmed : la dame avait le teint d'une blancheur éblouissante, des sourcils que l'on eût pu croire tracés au pinceau, une bouche de grenade, qui en s'entr'-ouvrant laissait voir une double file de perles d'Orient plus fines et plus limpides que celles qui forment les bracelets et le collier de la sultane favorite, un air agréable et fier, et dans toute sa personne je ne sais quoi de noble et de royal.

Mahmoud-Ben-Ahmed, comme ébloui de tant de perfections, resta longtemps immobile à la même place, et, oubliant qu'il était sorti pour faire des emplettes, il retourna chez lui les mains vides, emportant dans son cœur la radieuse vision.

Toute la nuit il ne songea qu'à la belle inconnue, et dès qu'il fut levé il se mit à composer en son honneur une longue pièce de poésie, où les comparaisons les plus fleuries et les plus galantes étaient prodiguées.

Ne sachant que faire, sa pièce achevée et transcrite sur une belle feuille de papyrus avec de belles majuscules en encre rouge et des fleurons dorés, il la mit dans sa manche et sortit pour montrer ce morceau à son ami Abdul, pour lequel il n'avait aucune pensée secrète.

En se rendant à la maison d'Abdul, il passa devant le bazar et entra dans la boutique du marchand de parfums pour prendre les flacons d'atar-gull. Il y trouva une belle dame enveloppée d'un long voile blanc qui ne laissait découvert que l'œil gauche. Mahmoud-Ben-Ahmed, sur ce seul œil gauche, reconnut incontinent la belle dame du palanquin. Son émotion fut si forte, qu'il fut obligé de s'adosser à la muraille.

La dame au voile blanc s'aperçut du trouble de Mahmoud-Ben-Ahmed, et lui demanda obligeamment ce qu'il avait et si, par hasard, il se trouvait incommodé.

Le marchand, la dame et Mahmoud-Ben-Ahmed passèrent dans l'arrière-boutique. Un petit nègre apporta sur un plateau un verre d'eau de neige.

dont Mahmoud-Ben-Ahmed but quelques gorgées.

« Pourquoi donc ma vue vous a-t-elle causé une si vive impression ? » dit la dame d'un ton de voix fort doux et où perçait un intérêt assez tendre.

Mahmoud-Ben-Ahmed lui raconta comment il l'avait vue près de la mosquée du sultan Hassan à l'instant où les rideaux de sa litière s'étaient un peu écartés, et que depuis cet instant il se mourait d'amour pour elle.

« Vraiment, dit la dame, votre passion est née si subitement que cela ? je ne croyais pas que l'amour vînt si vite. Je suis effectivement la femme que vous avez rencontrée hier ; je me rendais au bain dans ma litière, et comme la chaleur était étouffante, j'avais relevé mon voile. Mais vous m'avez mal vue, et je ne suis pas si belle que vous le dites. »

En disant ces mots, elle écarta son voile et découvrit un visage radieux de beauté, et si parfait, que l'envie n'aurait pu y trouver le moindre défaut.

Vous pouvez juger quels furent les transports de Mahmoud-Ben-Ahmed à une telle faveur ; il se répandit en compliments qui avaient le mérite, bien rare pour des compliments, d'être parfaitement sincères et de n'avoir rien d'exagéré. Comme il parlait avec beaucoup de feu et de véhémence, le papier sur lequel ses vers étaient transcrits s'échappa de sa manche et roula sur le plancher.

« Quel est ce papier ? dit la dame, l'écriture m'en paraît fort belle et annonce une main exercée.

— C'est, répondit le jeune homme en rougissant beaucoup, une pièce de vers que j'ai composée cette nuit, ne pouvant dormir. J'ai tâché d'y célébrer vos perfections ; mais la copie est bien loin de l'original, et mes vers n'ont point le brillant qu'il faut pour célébrer ceux de vos yeux. »

La jeune dame lut ces vers attentivement, et dit en les mettant dans sa ceinture :

« Quoiqu'ils contiennent beaucoup de flatteries ils ne sont vraiment pas mal tournés. »

Puis elle ajusta son voile et sortit de la boutique en laissant tomber avec un accent qui pénétra le cœur de Mahmoud-Ben-Ahmed :

« Je viens quelquefois, au retour du bain, acheter des essences et des boîtes de parfumerie chez Bedredin. »

Le marchand félicita Mahmoud-Ben-Ahmed

de sa bonne fortune, et, l'emmenant tout au fond de sa boutique, il lui dit bien bas à l'oreille :

« Cette jeune dame n'est autre que la princesse Ayesha, fille du calife. »

Mahmoud-Ben-Ahmed rentra chez lui tout étourdi de son bonheur et n'osant y croire. Cependant, quelque modeste qu'il fût, il ne pouvait se dissimuler que la princesse Ayesha ne l'eût regardé d'un œil favorable. Le hasard, ce grand entremetteur, avait été au delà de ses plus audacieuses espérances. Combien il se félicita alors de ne pas avoir cédé aux suggestions de ses amis qui l'engageaient à prendre femme, et aux portraits séduisants que lui faisaient les vieilles des jeunes filles à marier qui ont toujours, comme chacun le sait, des yeux de gazelle, une figure de pleine lune, des cheveux plus longs que la queue d'Al Borack, la jument du Prophète, une bouche de jaspe rouge, avec une haleine d'ambre gris, et mille autre perfections qui tombent avec le haick et le voile nuptial ; comme il fut heureux de se sentir dégagé de tout lien vulgaire, et libre de s'abandonner tout entier à sa nouvelle passion !

Il eut beau s'agiter et se tourner sur son divan, il ne put s'endormir ; l'image de la princesse

Ayesha, étincelante comme un oiseau de flamme sur un fond de soleil couchant, passait et repassait devant ses yeux. Ne pouvant trouver de repos, il monta dans un de ces cabinets de bois de cèdre merveilleusement découpé que l'on applique, dans les villes d'Orient, aux murailles extérieures des maisons, afin d'y profiter de la fraîcheur et du courant d'air qu'une rue ne peut manquer de former ; le sommeil ne lui vint pas encore, car le sommeil est comme le bonheur, il fuit quand on le cherche ; et, pour calmer ses esprits par le spectacle d'une nuit sereine, il se rendit avec son narguilé sur la plus haute terrasse de son habitation.

L'air frais de la nuit, la beauté du ciel plus pailleté d'or qu'une robe de péri et dans lequel la lune faisait voir ses joues d'argent, comme une sultane pâle d'amour qui se penche aux treillis de son kiosque, firent du bien à Mahmoud-Ben-Ahmed, car il était poète, et ne pouvait rester insensible au magnifique spectacle qui s'offrait à sa vue.

De cette hauteur, la ville du Caire se déployait devant lui comme un de ces plans en relief où les giaours retracent leurs villes fortes. Les terrasses ornées de pots de plantes grasses, et bariolées de tapis ; les places où miroitait l'eau du Nil, car on était à l'époque de l'inondation ; les jardins d'où jaillissaient des groupes de palmiers, des touffes de caroubiers ou de nopals ; les îles de maisons coupées de rues étroites ; les coupoles d'étain des mosquées ; les minarets frêles et découpés à jour comme un hochet d'ivoire ; les angles obscurs ou lumineux des palais formaient un coup d'œil arrangé à souhait pour le plaisir des yeux. Tout au fond, les sables cendrés de la plaine confondaient leurs teintes avec les couleurs laiteuses du firmament, et les trois pyramides de Giseh, vaguement ébauchées par un rayon bleuâtre, dessinaient au bord de l'horizon leur gigantesque triangle de pierre.

Assis sur une pile de carreaux et le corps enveloppé par les circonvolutions élastiques du tuyau de son narguilé, Mahmoud-Ben-Ahmed tâchait de démêler dans la transparente obscurité la forme lointaine du palais où dormait la belle Ayesha. Un silence profond régnait sur ce tableau qu'on aurait pu croire peint, car aucun souffle, aucun murmure n'y révélaient la présence d'un être vivant : le seul bruit appréciable était celui que faisait la fumée du narguilé de Mahmoud-Ben-Ahmed en traversant la boule de cristal de roche remplie d'eau destinée à refroidir ses blanches bouffées. Tout d'un coup, un cri aigu éclata au milieu de ce calme, un cri de détresse suprême, comme doit en pousser, au bord de la source, l'antilope qui sent se poser sur son cou la griffe d'un lion, ou s'engloutir sa tête dans la gueule d'un crocodile. Mahmoud-Ben-Ahmed, effrayé par ce cri d'agonie et de désespoir, se leva d'un seul bond et posa instinctivement la main sur le pommeau de son yatagan dont il fit jouer la lame pour s'assurer qu'elle ne tenait pas au fourreau ; puis il se pencha du côté d'où le bruit avait semblé partir.

Il démêla fort loin dans l'ombre un groupe étrange, mystérieux, composé d'une figure blanche poursuivie par une meute de figures noires, bizarres et monstrueuses, aux gestes frénétiques, aux allures désordonnées. L'ombre blanche semblait voltiger sur la cime des maisons, et l'intervalle qui la séparait de ses persécuteurs était si peu considérable, qu'il était à craindre qu'elle ne fût bientôt prise si sa course se prolongeait, et qu'aucun événement ne vînt à son secours. Mahmoud-Ben-Ahmed crut d'abord que c'était une péri ayant aux trousses un essaim de goules mâchant de la chair de mort dans leurs incisives démesurées, ou de djinns aux ailes flasques, membraneuses, armées d'ongles comme celles des chauves-souris, et, tirant de sa poche son comboloio de graines d'aloès jaspées, il se mit à réciter, comme préservatif, les quatre-vingt-dix-neuf noms d'Allah. Il n'était pas au vingtième, qu'il s'arrêta. Ce n'était pas une péri, un être surnaturel, qui fuyait ainsi en sautant d'une terrasse à l'autre et en franchissant les rues de quatre ou cinq pieds de large qui coupent le bloc compact des villes orientales, mais bien une femme; les djinns n'étaient que des zebeks, des chiaoux et des eunuques acharnés à sa poursuite.

Deux ou trois terrasses et une rue séparaient encore la fugitive de la plate-forme où se tenait Mahmoud-Ben-Ahmed, mais ses forces semblaient la trahir; elle retourna convulsivement la tête sur l'épaule, et, comme un cheval épuisé dont l'éperon ouvre le flanc, voyant si près d'elle le groupe hideux qui la poursuivait, elle mit la rue entre elle et ses ennemis d'un bond désespéré.

Elle frôla dans son élan Mahmoud-Ben-Ahmed qu'elle n'aperçut pas, car la lune s'était voilée, et courut à l'extrémité de la terrasse qui donnait de ce côté-là sur une seconde rue plus large que la première. Désespérant de la pouvoir sauter, elle eut l'air de chercher des yeux quelque coin où se blottir, et, avisant un grand vase de marbre, elle se cacha dedans comme le génie qui rentre dans la coupe d'un lis.

La troupe furibonde envahit la terrasse avec l'impétuosité d'un vol de démons. Leurs faces cuivrées ou noires à longues moustaches, ou hideusement imberbes, leurs yeux étincelants, leurs mains crispées agitant des damas et des kandjars, la fureur empreinte sur leurs physionomies basses et féroces, causèrent un mouvement d'effroi à Mahmoud-Ben-Ahmed, quoiqu'il fût brave de sa personne et habile au maniement des armes. Ils parcoururent de l'œil la terrasse vide, et n'y voyant pas la fugitive, ils pensèrent sans doute qu'elle avait franchi la seconde rue, et ils continuèrent leur poursuite sans faire autrement attention à Mahmoud-Ben-Ahmed.

Quand le cliquetis de leurs armes et le bruit de leurs babouches sur les dalles des terrasses se fut éteint dans l'éloignement, la fugitive commença à lever par-dessus les bords du vase sa jolie tête pâle, et promena autour d'elle des regards d'antilope effrayée, puis elle sortit ses épaules, et se mit debout, charmant pistil de cette grande fleur de marbre ; n'apercevant plus que Mahmoud-Ben-Ahmed qui lui souriait et lui faisait signe qu'elle n'avait rien à craindre, elle s'élança hors du vase et vint vers le jeune homme avec une attitude humble et des bras suppliants.

« Par grâce, par pitié, seigneur, sauvez-moi, cachez-moi dans le coin le plus obscur de votre maison, dérobez-moi à ces démons qui me poursuivent. »

Mahmoud-Ben-Ahmed la prit par la main, la conduisit à l'escalier de la terrasse dont il ferma la trappe avec soin, et la mena dans sa chambre. Quand il eut allumé la lampe, il vit que la fugitive était jeune, il l'avait déjà deviné au timbre argentin de sa voix, et fort jolie, ce qui ne l'étonna pas, car à la lueur des étoiles il avait distingué sa taille élégante. Elle paraissait avoir quinze ans tout au plus. Son extrême pâleur faisait ressortir ses grands yeux noirs en amande, dont les coins se prolongeaient jusqu'aux tempes ; son nez mince et délicat donnait beaucoup de noblesse à son profil, qui aurait pu faire envie aux plus belles filles de Chio ou de Chypre, et rivaliser avec la beauté de marbre des idoles adorées par les vieux païens grecs. Son cou était charmant et d'une blancheur parfaite ; seu-

lement, sur sa nuque, on voyait une légère raie de pourpre mince comme un cheveu ou comme le plus délié fil de soie, quelques petites gouttelettes de sang sortaient de cette ligne rouge. Ses vêtements étaient simples et se composaient d'une veste passementée de soie, de pantalons de mousseline et d'une ceinture bariolée ; sa poitrine se levait et s'abaissait sous sa tunique de gaze rayée, car elle était encore hors d'haleine et à peine remise de son effroi.

Lorsqu'elle fut un peu reposée et rassurée, elle s'agenouilla devant Mahmoud-Ben-Ahmed et lui raconta son histoire en fort bons termes : « J'étais esclave dans le sérail du riche Abu-Becker, et j'ai commis la faute de remettre à la sultane favorite un sélam ou lettre de fleurs envoyée par un jeune émir de la plus belle mine avec qui elle entretenait un commerce amoureux. Abu-Becker, ayant surpris le sélam, est entré dans une fureur horrible, a fait enfermer sa sultane favorite dans un sac de cuir avec deux chats, l'a fait jeter à l'eau et m'a condamnée à avoir la tête tranchée. Le Kislar-agassi fut chargé de cette exécution ; mais, profitant de l'effroi et du désordre qu'avait causé dans le sérail le châtiment terrible infligé à la pauvre

Nourmahal, et trouvant ouverte la trappe de la terrasse, je me sauvai. Ma fuite fut aperçue, et bientôt les eunuques noirs, les zebeks et les Albanais au service de mon maître se mirent à ma poursuite. L'un d'eux, Mesrour, dont j'ai toujours repoussé les prétentions, m'a talonnée de si près avec son damas brandi, qu'il a bien manqué de m'atteindre; une fois même j'ai senti le fil de son sabre effleurer ma peau, et c'est alors que j'ai poussé ce cri terrible que vous avez dû entendre, car je vous avoue que j'ai cru que ma dernière heure était arrivée ; mais Dieu est Dieu et Mahomet est son prophète ; l'ange Asraël n'était pas encore prêt à m'emporter vers le pont d'Alsirat. Maintenant je n'ai plus d'espoir qu'en vous. Abu-Becker est puissant, il me fera chercher, et, s'il peut me reprendre, Mesrour aurait cette fois la main plus sûre, et son damas ne se contenterait pas de m'effleurer le cou, dit-elle en souriant, et en passant la main sur l'imperceptible raie rose tracée par le sabre du zebek. Acceptez-moi pour votre esclave, je vous consacrerai une vie que je vous dois. Vous trouverez toujours mon épaule pour appuyer votre coude, et ma chevelure pour essuyer la poudre de vos sandales. »

Mahmoud-Ben-Ahmed était fort compatissant de sa nature, comme tous les gens qui ont étudié les lettres et la poésie. Leila, tel était le nom de l'esclave fugitive, s'exprimait en termes choisis ; elle était jeune, belle, et n'eût-elle été rien de tout cela, l'humanité eût défendu de la renvoyer. Mahmoud-Ben-Ahmed montra à la jeune esclave un tapis de Perse, des carreaux de soie dans l'angle de la chambre, et sur le rebord de l'estrade une petite collation de dattes, de cédrats confits et de conserves de roses de Constantinople, à laquelle, distrait par ses pensées, il n'avait pas touché lui-même, et de plus, deux pots à rafraîchir l'eau, en terre poreuse de Thèbes, posés dans des soucoupes de porcelaine du Japon et couverts d'une transpiration perlée. Ayant ainsi provisoirement installé Leila, il remonta sur sa terrasse pour achever son narguilé et trouver la dernière assonance du ghazel qu'il composait en l'honneur de la princesse Ayesha, ghazel où les lis d'Iran, les fleurs du Gulistan, les étoiles et toutes les constellations célestes se disputaient pour entrer.

Le lendemain, Mahmoud-Ben-Ahmed, dès que le jour parut, fit cette réflexion qu'il n'avait pas de sachet de benjoin, qu'il manquait de civette, et que la bourse de soie brochée d'or et constellée de paillettes, où il serrait son latakié, était éraillée et demandait à être remplacée par une autre plus riche et de meilleur goût. Ayant à peine pris le temps de faire ses ablutions et de réciter sa prière en se tournant du côté de l'orient, il sortit de sa maison après avoir recopié sa poésie et l'avoir mise dans sa manche comme la première fois, non pas dans l'intention de la montrer à son ami Abdul, mais pour la remettre à la princesse Ayesha en personne, dans le cas où il la rencontrerait au bazar, dans la boutique de Bedredin.

Le muezzin, perché sur le balcon du minaret, annonçait seulement la cinquième heure ; il n'y avait dans les rues que les fellahs, poussant devant eux leurs ânes chargés de pastèques, de régimes de dattes, de poules liées par les pattes, et de moitiés de moutons qu'ils portaient au marché. Il fut dans le quartier où était situé le palais d'Ayesha, mais il ne vit rien que des murailles crénelées et blanchies à la chaux. Rien ne paraissait aux trois ou quatre petites fenêtres obstruées de treillis de bois à mailles étroites, qui permettaient aux gens de la maison de voir ce qui se passait dans la rue, mais ne laissaient aucun espoir aux regards indiscrets et aux curieux du dehors. Les palais orientaux, à l'envers des palais du Franguistan, réservent leurs magnificences pour l'intérieur et tournent, pour ainsi dire, le dos au passant. Mahmoud-Ben-Ahmed ne retira donc pas grand fruit de ses investigations. Il vit entrer et sortir deux ou trois esclaves noirs, richement habillés, et dont la mine insolente et fière prouvait la conscience d'appartenir à une maison considérable et à une personne de la plus haute qualité. Notre amoureux, en regardant ces épaisses murailles, fit de vains efforts pour découvrir de quel côté se trouvaient les appartements d'Ayesha. Il ne put y parvenir : la grande porte, formée par un arc découpé en cœur, était murée au fond, ne donnait accès dans la cour que par une porte latérale, et ne permettait pas au regard d'y pénétrer. Mahmoud-Ben-Ahmed fut obligé de se retirer sans avoir fait aucune découverte ; l'heure s'avançait et il aurait pu être remarqué.

Il se rendit donc chez Bedredin, auquel il fit, pour se le rendre favorable, des emplettes assez considérables d'objets dont il n'avait aucun besoin. Il s'assit dans la boutique, questionna le marchand, s'enquit de son commerce, s'il s'était heureusement défait des soieries et des tapis apportés par la dernière caravane d'Alep, si ses vaisseaux étaient arrivés au port sans avaries ; bref, il fit toutes les lâchetés habituelles aux amoureux ; il espérait toujours voir paraître Ayesha ; mais il fut trompé dans son attente : elle ne vint pas ce jour-là. Il s'en retourna chez lui, le cœur gros, l'appelant déjà cruelle et perfide, comme si effectivement elle lui eût promis de se trouver chez Bedredin et qu'elle lui eût manqué de parole.

En rentrant dans sa chambre, il mit ses babouches dans la niche de marbre sculpté, creusée à côté de la porte pour cet usage ; il ôta le caftan d'étoffe précieuse qu'il avait endossé dans l'idée de rehausser sa bonne mine et de paraître avec tous ses avantages aux yeux d'Ayesha, et s'étendit sur son divan dans un affaissement voisin du désespoir. Il lui semblait que tout était perdu, que le monde allait finir, et il se plaignait amèrement de la fatalité ; le tout, pour ne pas avoir rencontré, ainsi qu'il l'espérait, une femme qu'il ne connaissait pas deux jours auparavant.

Comme il avait fermé les yeux de son corps pour mieux voir le rêve de son âme, il sentit un vent léger lui rafraîchir le front ; il souleva ses paupières, et vit, assise à côté de lui, par terre,

Leila qui agitait un de ces petits pavillons d'écorce de palmier, qui servent, en Orient, d'éventail et de chasse-mouches. Il l'avait complètement oubliée.

« Qu'avez-vous, mon cher seigneur ? dit-elle d'une voix perlée et mélodieuse comme de la musique. Vous ne paraissez pas jouir de votre tranquillité d'esprit ; quelque souci vous tourmente. S'il était au pouvoir de votre esclave de dissiper ce nuage de tristesse qui voile votre front, elle s'estimerait la plus heureuse femme du monde, et ne porterait pas envie à la sultane Ayesha elle-même, quelque belle et quelque riche qu'elle soit. »

Ce nom fit tressaillir Mahmoud-Ben-Ahmed sur son divan, comme un malade dont on touche la plaie par hasard ; il se souleva un peu et jeta un regard inquisiteur sur Leila, dont la physionomie était la plus calme du monde et n'exprimait rien autre chose qu'une tendre sollicitude. Il rougit cependant comme s'il avait été surpris dans le secret de sa passion. Leila, sans faire attention à cette rougeur délatrice et significative, continua à offrir ses consolations à son nouveau maître :

« Que puis-je faire pour éloigner de votre

esprit les sombres idées qui l'obsèdent? Un peu de musique dissiperait peut-être cette mélancolie. Une vieille esclave qui avait été odalisque de l'ancien sultan m'a appris les secrets de la composition ; je puis improviser des vers et m'accompagner de la guzla. »

En disant ces mots, elle détacha du mur la guzla au ventre de citronnier, côtelé d'ivoire, au manche incrusté de nacre, de burgau et d'ébène, et joua d'abord avec une rare perfection la tarabuca et quelques autres airs arabes.

La justesse de la voix et la douceur de la musique eussent, en toute autre occasion, réjoui Mahmoud-Ben-Ahmed, qui était fort sensible aux agréments des vers et de l'harmonie ; mais il avait le cerveau et le cœur si préoccupés de la dame qu'il avait vue chez Bedredin, qu'il ne fit aucune attention aux chansons de Leila.

Le lendemain, plus heureux que la veille, il rencontra Ayesha dans la boutique de Bedredin. Vous décrire sa joie serait une entreprise impossible; ceux qui ont été amoureux peuvent seuls la comprendre. Il resta un moment sans voix, sans haleine, un nuage dans les yeux. Ayesha, qui vit son émotion, lui en sut gré et lui adressa la parole avec beaucoup d'affabilité; car rien ne flatte les personnes de haute naissance comme le trouble qu'elles inspirent, Mahmoud-Ben-Ahmed, revenu à lui, fit tous ses efforts pour être agréable, et comme il était jeune, de belle apparence, qu'il avait étudié la poésie et s'exprimait dans les termes les plus élégants, il crut s'apercevoir qu'il ne déplaisait point, et il s'enhardit à demander un rendez-vous à la princesse dans un lieu plus propice et plus sûr que la boutique de Bedredin.

« Je sais, lui dit-il, que je suis tout au plus bon pour être la poussière de votre chemin, que la distance de vous à moi ne pourrait être parcourue en mille ans par un cheval de la race du prophète toujours lancé au galop; mais l'amour rend audacieux, et la chenille éprise de la rose ne saurait s'empêcher d'avouer son amour. »

Ayesha écouta tout cela sans le moindre signe de courroux, et, fixant sur Mahmoud-Ben-Ahmed des yeux chargés de langueur, elle lui dit :

« Trouvez-vous demain à l'heure de la prière dans la mosquée du sultan Hassan, sous la troisième lampe : vous y rencontrerez un esclave noir vêtu de damas jaune. Il marchera devant vous, et vous le suivrez. »

Cela dit, elle ramena son voile sur sa figure et sortit.

Notre amoureux n'eut garde de manquer au rendez-vous : il se planta sous la troisième lampe, n'osant s'en écarter de peur de ne pas être trouvé par l'esclave noir, qui n'était pas encore à son poste. Il est vrai que Mahmoud-Ben-Ahmed avait devancé de deux heures le moment indiqué. Enfin il vit paraître le nègre vêtu de damas jaune ; il vint droit au pilier contre lequel Mahmoud-Ben-Ahmed se tenait debout. L'esclave, l'ayant regardé attentivement, lui fit un signe imperceptible pour l'engager à le suivre. Ils sortirent tous deux de la mosquée. Le noir marchait d'un pas rapide, et fit faire à Mahmoud-Ben-Ahmed une infinité de détours à travers l'écheveau embrouillé et compliqué des rues du Caire. Notre jeune homme une fois voulut adresser la parole à son guide ; mais celui-ci, ouvrant sa large bouche meublée de dents aiguës et blanches, lui fit voir que sa langue avait été coupée jusqu'aux racines. Ainsi il lui eût été difficile de commettre des indiscrétions.

Enfin ils arrivèrent dans un endroit de la ville tout à fait désert et que Mahmoud-Ben-

Ahmed ne connaissait pas, quoiqu'il fût natif du Caire et qu'il crût en connaître tous les quartiers : le muet s'arrêta devant un mur blanchi à la chaux, où il n'y avait pas apparence de porte. Il compta six pas à partir de l'angle du mur, et chercha avec beaucoup d'attention un ressort sans doute caché dans l'interstice des pierres. L'ayant trouvé, il pressa la détente, une colonne tourna sur elle-même, et laissa voir un passage sombre, étroit, où le muet s'engagea, suivi de Mahmoud-Ben-Ahmed. Ils descendirent d'abord plus de cent marches, et suivirent ensuite un corridor obscur d'une longueur interminable. Mahmoud-Ben-Ahmed, en tâtant les murs, reconnut qu'ils étaient de roche vive, sculptés d'hiéroglyphes en creux et comprit qu'il était dans les couloirs souterrains d'une ancienne nécropole égyptienne, dont on avait profité pour établir cette issue secrète. Au bout du corridor, dans un grand éloignement, scintillaient quelques lueurs de jour bleuâtre. Ce jour passait à travers des dentelles d'une sculpture évidée faisant partie de la salle où le corridor aboutissait. Le muet poussa un autre ressort, et Mahmoud-Ben-Ahmed se trouva dans une salle dallée de marbre blanc, avec un bassin et un jet d'eau au milieu, des colonnes d'albâtre, des murs revêtus de mosaïques de verre, de sentences du Coran entremêlées de fleurs et d'ornements, et couverte par une voûte sculptée, fouillée, travaillée comme l'intérieur d'une ruche ou d'une grotte à stalactites; d'énormes pivoines écarlates posées dans d'énormes vases mauresques de porcelaine blanche et bleue complétaient la décoration. Sur une estrade garnie de coussins, espèce d'alcôve pratiquée dans l'épaisseur du mur, était assise la princesse Ayesha, sans voile, radieuse et surpassant en beauté les houris du quatrième ciel.

« Eh bien! Mahmoud-Ben-Ahmed, avez-vous fait d'autres vers en mon honneur? » lui dit-elle du ton le plus gracieux en lui faisant signe de s'asseoir.

Mahmoud-Ben-Ahmed se jeta aux genoux d'Ayesha et tira son papyrus de sa manche, et lui récita son ghazel du ton le plus passionné; c'était vraiment un remarquable morceau de poésie.

Pendant qu'il lisait, les joues de la princesse s'éclairaient et se coloraient comme une lampe d'albâtre que l'on vient d'allumer. Ses yeux étoilaient et lançaient des rayons d'une clarté extraordinaire, son corps devenait comme transparent, sur ses épaules frémissantes s'ébauchaient vaguement des ailes de papillon. Malheureusement Mahmoud-Ben-Ahmed, trop occupé de la lecture de sa pièce de vers, ne leva pas les yeux et ne s'aperçut pas de la métamorphose qui s'était opérée. Quand il eut achevé, il n'avait plus devant lui que la princesse Ayesha qui le regardait en souriant d'un air ironique.

Comme tous les poëtes, trop occupés de leurs propres créations, Mahmoud-Ben-Ahmed avait oublié que les plus beaux vers ne valent pas une parole sincère, un regard illuminé par la clarté de l'amour. — Les péris sont comme les femmes, il faut les deviner et les prendre juste au moment où elles vont remonter aux cieux pour n'en plus descendre. — L'occasion doit être saisie par la boucle de cheveux qui lui pend sur le front, et les esprits de l'air par leurs ailes. C'est ainsi qu'on peut s'en rendre maître.

« Vraiment, Mahmoud-Ben-Ahmed, vous avez un talent de poëte des plus rares, et vos vers méritent d'être affichés à la porte des mosquées, écrits en lettres d'or, à côté des plus célèbres productions de Ferdoussi, de Saâdi et d'Ibnn-Ben-Omaz. C'est dommage qu'absorbé par la perfection de vos rimes allitérées, vous ne m'ayez pas regardée tout à l'heure, vous auriez vu... ce que vous ne reverrez peut-être jamais plus. Votre vœu le plus cher s'est accompli devant vous sans que vous vous en soyez aperçu. Adieu, Mahmoud-Ben-Ahmed, qui ne vouliez aimer qu'une péri. »

Là-dessus Ayesha se leva d'un air tout à fait majestueux, souleva une portière de brocart d'or et disparut.

Le muet vint reprendre Mahmoud-Ben-Ahmed, et le reconduisit par le même chemin jusqu'à l'endroit où il l'avait pris. Mahmoud-Ben-Ahmed, affligé et surpris d'avoir été ainsi congédié, ne savait que penser et se perdait dans ses réflexions sans pouvoir trouver de motif à la brusque sortie de la princesse : il finit par l'attribuer à un caprice de femme qui changerait à la première occasion ; mais il eut beau aller chez Bedredin acheter du benjoin et des peaux de civette, il ne rencontra plus la princesse Ayesha ; il fit un nombre infini de stations près du troisième pilier de la mosquée du sultan Hassan, il ne vit plus reparaître le noir vêtu de damas jaune, ce qui le jeta dans une noire et profonde mélancolie.

Leila s'ingéniait à mille inventions pour le distraire : elle lui jouait de la guzla ; elle lui récitait des histoires merveilleuses ; ornait sa chambre de bouquets dont les couleurs étaient si bien mariées et diversifiées, que la vue en était aussi réjouie que l'odorat ; quelquefois même elle dansait devant lui avec autant de souplesse et de grâce que l'almée la plus habile ; tout autre que Mahmoud-Ben-Ahmed eût été touché de tant de prévenances et d'attentions ; mais il avait la tête ailleurs, et le désir de retrouver Ayesha ne lui laissait aucun repos.

Il avait été bien souvent errer à l'entour du palais de la princesse ; mais il n'avait jamais pu l'apercevoir ; rien ne se montrait derrière les treillis exactement fermés ; le palais était comme un tombeau.

Son ami Abdul-Maleck, alarmé de son état, venait le visiter souvent et ne pouvait s'empêcher de remarquer les grâces et la beauté de Leila qui égalaient pour le moins celles de la princesse Ayesha, si même elles ne les dépassaient, et s'étonnait de l'aveuglement de Mahmoud-Ben-Ahmed ; et s'il n'eût craint de violer les saintes lois de l'amitié, il eût pris volontiers la jeune esclave pour femme. Cependant, sans rien perdre de sa beauté, Leila devenait chaque jour plus pâle ; ses grands yeux s'alanguissaient; les rougeurs de l'aurore faisaient place sur ses joues aux pâleurs du clair de lune. Un jour, Mahmoud-Ben-Ahmed s'aperçut qu'elle avait pleuré, et lui en demanda la cause :

« O mon cher seigneur, je n'oserais jamais vous la dire : moi, pauvre esclave recueillie par pitié, je vous aime ; mais que suis-je à vos yeux ? Je sais que vous avez formé le vœu de n'aimer qu'une péri ou qu'une sultane : d'autres se contenteraient d'être aimés sincèrement par un cœur jeune et pur et ne s'inquiéteraient pas de la fille du calife ou de la reine des génies : regardez-moi, j'ai eu quinze ans hier, je suis peut-être aussi belle que cette Ayesha dont vous parlez tout haut en rêvant ; il est vrai qu'on ne voit pas briller sur mon front l'escarboucle magique, ou l'aigrette de plumes de héron ; je ne marche pas accompagnée de soldats aux mousquets incrustés d'argent et de corail. Mais cependant je sais chanter, improviser sur la guzla, je danse comme Emineh elle-même, je suis pour vous comme une sœur dévouée ; que faut-il donc pour toucher votre cœur ? »

Mahmoud-Ben-Ahmed, en entendant ainsi parler Leila, sentait son cœur se troubler; cependant il ne disait rien et semblait en proie à une profonde méditation. Deux résolutions contraires se disputaient son âme : d'une part, il lui en coûtait de renoncer à son rêve favori ; de l'autre, il se disait qu'il serait bien fou de s'attacher à une femme qui s'était jouée de lui et l'avait quitté avec des paroles railleuses, lorsqu'il avait dans sa maison, en jeunesse et en beauté, au moins l'équivalent de ce qu'il perdait.

Leila, comme attendant son arrêt, se tenait agenouillée, et deux larmes coulaient silencieusement sur la figure pâle de la pauvre enfant.

« Ah! pourquoi le sabre de Mesrour n'a-t-il pas achevé ce qu'il avait commencé! » dit-elle en portant la main à son cou frêle et blanc.

Touché de cet accent de douleur, Mahmoud-Ben-Ahmed releva la jeune esclave et déposa un baiser sur son front.

Leila redressa la tête comme une colombe caressée, et, se posant devant Mahmoud-Ben-Ahmed, lui prit les mains et lui dit :

« Regardez-moi bien attentivement; ne trouvez-vous pas que je ressemble fort à quelqu'un de votre connaissance ? »

Mahmoud-Ben-Ahmed ne put retenir un cri de surprise :

« C'est la même figure, les mêmes yeux, tous les traits en un mot de la princesse Ayesha. Comment se fait-il que je n'aie pas remarqué cette ressemblance plus tôt ?

— Vous n'aviez jusqu'à présent laissé tomber sur votre pauvre esclave qu'un regard fort distrait, répondit Leila d'un ton de douce raillerie.

— La princesse Ayesha elle-même m'enverrait maintenant son noir à la robe de damas jaune, avec le sélam d'amour, que je refuserais de le suivre.

— Bien vrai ? dit Leila d'une voix plus mélodieuse que celle de Bulbul faisant ses aveux à la rose bien-aimée. Cependant, il ne faudrait pas trop mépriser cette pauvre Ayesha, qui me ressemble tant. »

Pour toute réponse, Mahmoud-Ben-Ahmed pressa la jeune esclave sur son cœur. Mais quel fut son étonnement lorsqu'il vit la figure de Leila s'illuminer, l'escarboucle magique s'allumer sur son front, et des ailes, semées d'yeux de paon, se développer sur ses charmantes épaules ! Leila était une péri !

« Je ne suis, mon cher Mahmoud-Ben-Ahmed,

ni la princesse Ayesha, ni Leila l'esclave. Mon véritable nom est Boudroulboudour. Je suis péri du premier ordre, comme vous pouvez le voir par mon escarboucle et par mes ailes. Un soir, passant dans l'air à côté de votre terrasse, je vous entendis émettre le vœu d'être aimé d'une péri. Cette ambition me plut ; les mortels ignorants, grossiers et perdus dans les plaisirs terrestres, ne songent pas à de si rares voluptés. J'ai voulu vous éprouver, et j'ai pris le déguisement d'Ayesha et de Leila pour voir si vous sauriez me reconnaître et m'aimer sous cette enveloppe humaine. — Votre cœur a été plus clairvoyant que votre esprit, et vous avez eu plus de bonté que d'orgueil. Le dévouement de l'esclave vous l'a fait préférer à la sultane ; c'était là que je vous attendais. Un moment séduite par la beauté de vos vers, j'ai été sur le point de me trahir ; mais j'avais peur que vous ne fussiez qu'un poète amoureux seulement de votre imagination et de vos rimes, et je me suis retirée, affectant un dédain superbe. Vous avez voulu épouser Leila l'esclave, Boudroulboudour la péri se charge de la remplacer. Je serai Leila pour tous, et péri pour vous seul ; car je veux votre bonheur, et le monde ne vous pardonnerait pas de jouir d'une félicité supérieure à la sienne. Toute fée que je sois, c'est tout au plus si je pourrais vous défendre contre l'envie et la méchanceté des hommes. »

Ces conditions furent acceptées avec transport par Mahmoud-Ben-Ahmed, et les noces furent faites comme s'il eût épousé réellement la petite Leila.

Telle est en substance l'histoire que je dictai à Scheherazade par l'entremise de Francesco.

« Comment a-t-il trouvé votre conte arabe, et qu'est devenue Scheherazade ?

— Je ne l'ai plus vue depuis. »

Je pense que Schahriar, mécontent de cette histoire, aura fait définitivement couper la tête à la pauvre sultane.

Des amis qui reviennent de Bagdad m'ont dit avoir vu, assise sur les marches d'une mosquée, une femme dont la folie était de se croire Dinarzarde des *Mille et une Nuits*, et qui répétait sans cesse cette phrase :

« Ma sœur, contez-nous une de ces belles histoires que vous savez si bien conter. »

Elle attendait quelques minutes, prêtant l'oreille avec beaucoup d'attention, et comme personne ne lui répondait, elle se mettait à pleurer, puis essuyait ses larmes avec un mouchoir brodé d'or et tout constellé de taches de sang.

TABLE DES ILLUSTRATIONS

www.ingramcontent.com/pod-product-compliance
Lightning Source LLC
LaVergne TN
LVHW010618110826
845149LV00003B/966